Q13 離婚と一緒に養親と離縁するときの財産分けはどうなりますか……46
——養親への財産分与請求は原則としてできません

Q14 慰藉料・財産分与に関する税金は……49
——もらう方にはほとんどかかりません

［不貞の相手方への請求］

Q15 不貞の相手方に責任をとってほしいのですが……52
——慰藉料が請求できます

［調停・裁判］

Q16 裁判にはどれくらいのお金と時間がかかるのですか……54
——離婚だけなら、三十万円程度、法律扶助の制度もあります

Q17 調停はどこの裁判所へ申し立てればよいのですか……57
——まず自分の住所地の家庭裁判所へ申し立ててみましょう

Q18 夫の暴力を裁判で証明することができますか……59
——証拠を集めておくことが大切です

［福祉］

Q19 子どもを一人で育てていけるのか心配です……62
——児童扶養手当がもらえます

Q20 母子家庭への貸付制度がありますか……64
——修学資金、就学支度資金が利用できます

Q21 母子福祉について知りたいのですが……67
——母子寮などがあります

Q22 生活保護はどんな場合にもらえますか……70
——収入が最低生活費より少ないときです

“離婚”私の場合は（離婚「体験」記）……72

図書紹介……77

相談窓口一覧……80

こんにちは「女性のための離婚ホットライン」です……86

JN300643

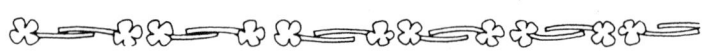

はじめに

今のつらい生活から抜け出す為には離婚以外にないと考えた時、果して離婚が可能であろうか、離婚後の生活をどのようにして行ったらよいのだろうか、子供はどうなるのだろうか、等々、様々な不安が心をよぎると思います。離婚は確かにそれまで築いて来た夫婦、家庭生活の解消であり、そこに至るまでには色々な苦悩があると思いますし、また離婚によって女性が経済的な窮地に追い込まれる事例も多いと思われます。しかし離婚を決意した以上後悔することがあってはなりません。「後悔しない離婚」その為にはまず離婚についての確かな法律知識がなければなりません。それから福祉制度や家庭裁判所等の専門機関等の利用方法を知ることも大事です。また子供に与える影響を最小限にくい止めるための配慮をすることも重要なことであります。

離婚ホットラインでは昨年六月と一二月に電話及び面接による離婚相談を行ないましたが、そこには私達も驚く程多くの方々から様々な相談が寄せられました。

この冊子はそこに寄せられた相談例をもとに女性の自立という立場から離婚に伴う様々な問題について解説をしております。

執筆担当者は、法律問題については仙台弁護士会の女性弁護士、その他の問題については離婚ホットラインのメンバーの人達です。多くの方々に活用されることを期待しております。

一九九一年五月

女性のための離婚ホットライン

代表　佐　川　房　子

離婚のしくみ

◆まず、どうしよう

まず、離婚のためにアクションをおこそうかどうしようかあなた自身が迷っている場合、

〈離婚の種類別件数〉

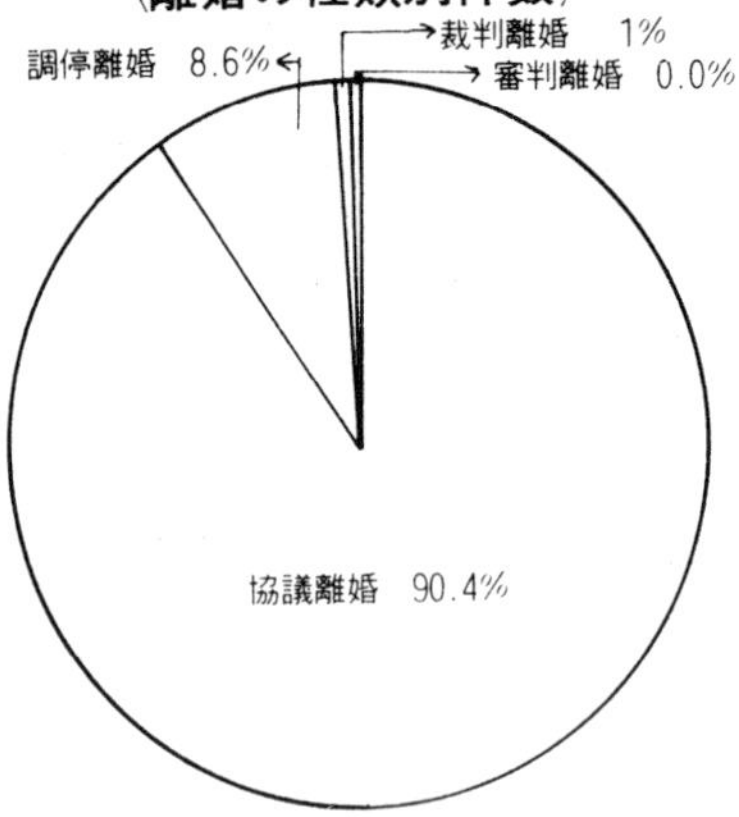

（1989年　総数157.811件）
人口動態総計（厚生省）による

結論はあなた自身が出すしかありません。体験者の話を聞きたいということならこのパンフの離婚体験記「〝離婚〟私のばあいは」（P72〜P76）や、図書紹介（P77）の本を参考にしてみて下さい。

離婚の際にまず直面する大きな問題は、離婚後の生活設計をどうするかということです。住む場所からはじまって、子供を引き取れば勿論のこと、あなた一人で生活するにしても案外費用がかかるもの。就職に有利な資格でもあればまだしも、軌道に乗るまではなかなか大変です。一緒につくった財産があれば分けさせる、むこうが悪いのなら慰藉料を払わせる、子供を引き取った場合は養育費を出さ

離婚成立までの手続き

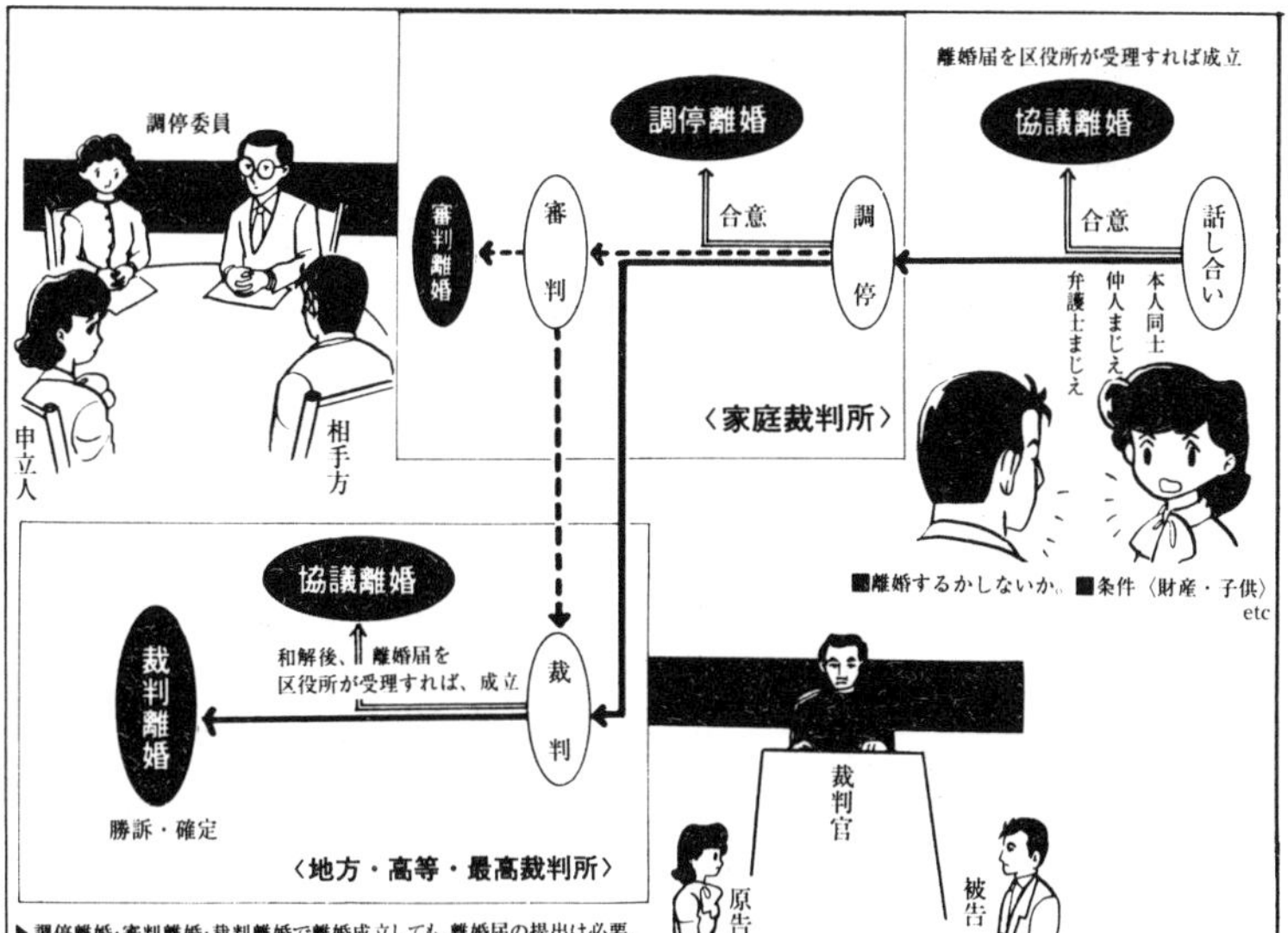

▶ 調停離婚・審判離婚・裁判離婚で離婚成立しても、離婚届の提出は必要。

せる、これらは当然の権利です。財産なんかないし、夫は薄給だし、さかさにして振っても殆どとれないという場合は、一時的にせよ実家の助けを借りるのも仕方ないかも知れません。それも無理なら福祉を利用することも考えられます（Q19〜22参照）。

◆協議離婚という方法

さて、離婚しようと決心した場合、初めは夫と本人同士で話し合いをするのが普通でしょう。場合によっては仲人や、親族の有力者などに間に立ってもらうことがあるかもしれません。いずれにせよ本人二人が離婚することに合意し、離婚届けに署名押印して市役所、区役所（仙台市の場合）、町村役場に提出、受理されればそれだけで離婚は成立します。

このやり方を**協議離婚**と言い、簡単にできるので離婚する人の約九割はこのやり方を利用しています。しかしながら、簡単に離婚が成立してしまうことにはマイナス面もあります。それは、財産分与、慰藉料、養育費などにつき、きちんとした約束をしないまま離婚が成立してしまうと、あとから請求しても取り合ってもらえない可能性が強い（請求してはいけないというわけではありませんが）し、約束をしていても踏み倒されるおそれが多いということです。こうしたことを防ぐためには、離婚届けに署名する前に、必ず財産分与などについてきちんと約束させ、できれば執行力のある公正証書に、それが無理ならせめて書面に書かせて証拠を残しておくことです。

◆調停について

いくら話し合っても離婚すること自体に合意が成立しない、未成年の子の親権者が決まらない、財産分与などについての話し合いがまとまらない、約束はしたものの書面を書こうとしないので不安である、そもそも話し合いができないと言うような場合は、家庭裁判所に調停をしてもらわなければなりません（いきなり地方裁判所に裁判を起こすことは、夫が行方不明であるような場合をのぞき認められません）。調停申立用紙は家庭裁判所に置いてあります。これに必要事項を記入のうえ、九百円の印紙を貼り、家庭裁判所からの連絡のための切手と三ヶ月以内の夫婦の戸籍謄本を添えて家庭裁判所の事件受付に提出すれば申し立て手続きは完了です。調停では申立てた人を申立人、申立てられた人（あなたが申立てたのなら夫）を相手方と言います。

調停では裁判官一名と調停委員男女各一名

の合計三名が担当となり、主に調停委員二名が間に立って話し合いが進められます。調停委員に任命されるのは四十才から七十才までの人格識見の高い人、具体的には裁判所OBや弁護士のほか、医師、学者、名門女子校の卒業生などが多いようです。調停委員は調停の内容について守秘義務を負っていますので秘密が外にもれることはありませんから安心して話をしてください。調停の進め方としては、調停委員が双方の言い分を別々に聞き（一方が話している間、もう一方は別室で待っている）その後で解決案を提示するという場合が殆どです。

双方が調停委員の提示した離婚の条件に納得した場合は、その旨を調書にしてもらうことにより離婚が成立します（**調停離婚**）。調書にしておけば、金銭の支払いなどの約束が破られてしまった場合ただちに強制執行することができます。また、それとは別に、調停離婚の際に約束した義務を果たさない相手に対して、家庭裁判所が履行勧告や履行命令を発する制度もあります。調停離婚の場合も市役所、区役所、町村役場への届けは必要です。調停で話が付いたものの調停離婚になるのは厭だ、調書はいらないという場合、協議離婚してから調停を取り下げる方法もあります。

調停は裁判所で行われるものとはいえ、要は話し合いですから調停委員の提示した案に納得できなければ無理に同意する必要はありません（損得の問題としては裁判を起こすより早めに話を付けたほうが得な場合もあるでしょうが）。調停で双方が合意に達する見込みがないことが明らかになった場合、調停は不調となります。この場合さらに家庭裁判所の裁判官による審判に付し、これにより離婚を成立させる（**審判離婚**）手続きもあることはあるのですが、審判離婚は二週間以内に異議をのべると無効になってしまうこともあり、実際には殆ど利用されていません。

◆さて、裁判となれば

調停が不調になった場合、夫婦のどちらかが地方裁判所に訴えない限り離婚裁判はおきません。裁判は、弁護士を頼まないで本人が起こすことも不可能ではありませんが、難しい法律用語で説明を求められたりすることがあるので弁護士に頼んだ方がよいでしょう。裁判を起こす費用（実費）や弁護士費用についてはQ16を参照して下さい。

裁判によって離婚する（**裁判離婚**）ためには、民法七七〇条に定める離婚原因（不貞行為、悪意の遺棄、三年以上の生死不明、回復の見込みのない強度の精神病、その他婚姻を継続し難い重要な理由）のいずれかがあることを証明する必要があります（Q2、Q3参照）。証明は、証人や本人の証言による場合が多く、これを調べていると地方裁判所で行われる第一審だけで二〜三年、高等裁判所まで上訴されるとさらに二年位かかることもないわけではありません（Q16参照）。しかし一旦裁判を起こした以上まったく話し合いをする余地がなくなる訳ではなく、むしろある程度事実がはっきりしてきた時点で裁判官が間に立って話し合いを進める（和解手続）のがむしろ普通です。裁判官の提示する和解案に双方が同意した場合には和解調書が作られて裁判の手続きは終わりますがそれで離婚が成立するわけではなく、協議離婚届を市、区役所、町村役場に提出する必要があります。

◆弁護士を頼むのは

裁判まで行かなくとも、調停、あるいはそれ以前の段階（示談交渉）で弁護士を頼むことも可能です。知り合いの弁護士がいない場合に、仙台弁護士会法律センターを利用して下さい。（P81～82参照）

Q1 性格の不一致だけで離婚できますか

A できる場合もあります

夫はきまじめな性格で、これまで暴力を振るったり、生活費を渡さなかったりということはなく、ましてや不貞など一度もありません。けれども、私と人生観・価値観があまりに違っていて、もうこれ以上一緒に生活できません。夫は「絶対別れない」といっていますが、私のような場合でも離婚できますか。

離婚には、夫婦双方の合意による離婚（「協議離婚」）のほかに、夫婦の一方が離婚に同意しない場合にも、一定の事由（「法定の離婚原因」）がある場合には裁判所に離婚の訴を出すことによって裁判で強制的に婚姻を解消する「裁判離婚」があります。これは事実上どうしても維持できない程に破綻した婚姻を法律上維持しても益がないことから認められているものです。

右の法定の離婚原因として民法七七〇条は、

不貞行為（同条一項一号）、悪意の遺棄（同二号）、三年以上の生死不明（同三号）、回復の見込みのない強度の精神病（同四号）、その他婚姻を継続し難い重大な事由（同五号）を規定し、右事由があるときに限り、訴を提起することができるとしています。不貞行為、悪意の遺棄、生死不明、精神病は、具体的な離婚原因ですが、「婚姻を継続し難い重大な事由」は包括的な離婚原因であり、何らかの事情により婚姻関係が深刻に破綻し、夫婦が婚姻の目的である共同生活を達成しえなくなり、その回復の見込みがなくなった場合をいうとされています。これに該当すると裁判所で認められた例としては、配偶者から重大な虐待、侮辱を受けたこと、配偶者の著しい怠惰、浪費癖、理由なき性交拒否、性交不能、当事者の重大な性格不一致などがあります。いずれもそれらの事由により到底円満な夫婦生活が営めないと裁判所が判断したものです。

あなたの場合も人生観、価値感があまりにも違っていて夫婦としてのコミュニケーションがなりたたず夫婦間に回復できないような溝ができて円満な生活が期待できない場合であれば、右の「婚姻を継続し難い重大な事由」に該当するといえるでしょう。

もっとも、人生観、価値感、性格などは個々人相違しているものであり夫婦も例外ではありません。それでもお互い尊重しあって円満に婚姻生活を継続しているのが通常です。ですから、人生観、価値感、性格などが違っていることとイコール即離婚原因とはなりません。これらの不一致により不和が生じた場合、不和の調整に努力したかどうかをも含めて、裁判所では婚姻中における両当事者の行為や態度、婚姻継続の意志の有無など婚姻関係にあらわれた一切の事情を考慮し、婚姻関係が深刻に破綻し、回復の見込みがないと判断されてはじめて「婚姻を継続し難い重大な事由」に該当するとして離婚が認められることになります。

実際の裁判では別居期間が相当長期になり、裁判でも二年～三年離婚をめぐる争いが続けば「もう元に戻れない」となって離婚が認められるケースが多いようです。

あなたの場合は、何とか円満にやっていこうと努力したけど、もうこれ以上一緒に生活できないということなら離婚が認められる可能性は高いと思います。

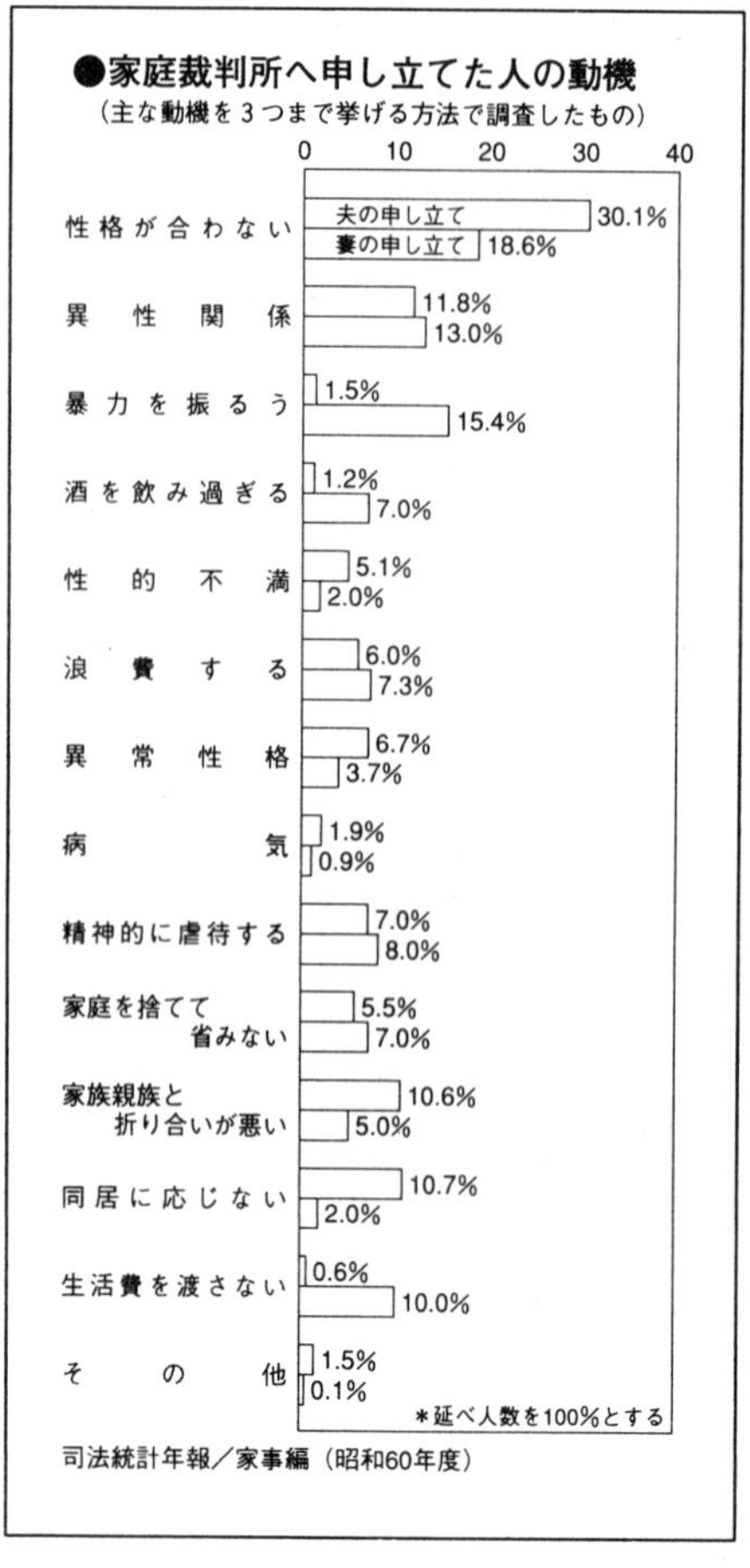

Q2 夫が行方不明ですがすぐ離婚できますか

A 三年待たなくてもできます

夫がサラ金の借金におわれて蒸発して二年になります。連絡だけでも入れてくれればよいのに何の音沙汰もありませんし、知人などに尋ねてみても、手掛りがありません。この際きちんと離婚したいのですが、行方不明の夫を相手に離婚する方法があるのでしょうか。三年以上待たないとだめだいう人もあるのですが、私としてはもう待てないという思いです。

生死不明の状態が三年以上経過した場合には民法七七〇条一項三号も離婚理由になりますが、本件の場合、「悪意の遺棄」及び、「婚姻を継続し難い重大な事由」を理由に今すぐ離婚の訴えを提起できます。

「悪意の遺棄」（七七〇条一項二号）とは、正当な理由なしに夫婦の義務である『同居・協力・扶助』の義務（七五二条）を放棄することです。これは婚姻共同生活の放棄を意味しますので、病気のための別居や、経済的理由による出稼ぎ、単身赴任等は悪意の遺棄になりませんが、本件は、自分の借金の為に蒸発し、何の連絡もよこさないのですから、「悪意の遺棄」に該当します。

又、蒸発して二年間も何の音沙汰もない夫、そしてそのような夫に対して妻の方でも愛情を失い婚姻を継続する意志がなくなった場合には、Q1で説明した「婚姻を継続し難い重大な事由」にも該当します。

尚、「三年以上の生死不明」（七七〇条一項三号）についても若干説明しますと、生死不明の原因を問わずそのような状態が三年以上続いたという客観的状況を離婚理由とするものです。ですから三年の期間は最後の消息があったときから起算するとされ、三年以上経過した後で生死が判明した場合等は本号での離婚の訴えはできないとされています。

以上、あなたの場合、三年以上待つ必要はありませんのですぐ訴えを起すことは可能です。

どこにいるのかわからない夫と調停で話合うことはできないので、いきなり地方裁判所に訴を起すことになりますが、いろいろ手続が面倒なので弁護士に相談することをおすすめします（裁判の中身としては、行方不明であることと、あなたの決意が固いことさえ証明されればよいので半年くらいで決着がつきます）。

Q3 夫の不貞が原因なのに離婚に応じなければなりませんか

夫は二年前に「職場の女性が好きになった。彼女と暮らしたい」と言って家出し、同棲を続けています。私達夫婦の間には五歳・三歳の二人の子がいますが夫は「離婚してほしい」としつこく言ってきます。

私は離婚に応じなければならないのでしょうか。

A 応じる必要はありません

二年間、夫が他の女性と同棲しているのでは、婚姻関係が破綻しているといえるでしょう。そしてあなたの夫は、有責配偶者ということになります。

有責配偶者とは、自分の責を負うべき行為によって婚姻関係を破綻させた配偶者のことです。

有責配偶者からの離婚請求は、原則としては認められません（但し、後記の判決のように認められるケースもあります）。

あなたの場合、夫の不貞行為、別居期間が二年、五歳と三歳の二人の子供の存在という事情を考えれば、夫からの離婚請求は法律上認められないと思います。あなたが離婚に応じる義務はないのです。

離婚するには、離婚原因がどうであれ双方の合意があれば協議離婚、合意できなければまず家庭裁判所の調停（調停前置主義）、調停で解決できなければ、離婚請求者は地方裁判所に離婚訴訟を起こさなければなりません。ここで裁判上の離婚原因（民法七七〇条）や有責配偶者の請求が認められるかが問題となります。

これまで最高裁判所は「有責配偶者からの離婚請求は許されない」と一律に判断していました。ところが昭和六二年九月二日の最高裁判所判決は、「有責配偶者からの離婚請求であっても一定の要件のある場合は離婚が認められる」という判断を示しました。この判決は、離婚請求は信義誠実の原則による制限を受けることを前提として、有責配偶者からの離婚請求であっても、(1)別居が当事者の年齢及び同居期間と対比して相当の長期間に及び、(2)未成熟の子が存在しない場合には、(3)相手方配偶者が離婚により精神的・社会的・経済的に極めて苛酷な状態におかれる等離婚請求を認容することが著しく社会正義に反するといえるような特段の事情の認められない限り、有責配偶者からの請求であるとの一事をもって許されないとすることはできないとの新しい判断をしたものです。

この判断は、有責配偶者であっても簡単に離婚できるという内容ではなく、前記の要件のある場合に限るものです。ちなみにこの判決では、夫七四歳、妻七十歳、別居三六年、未成熟の子なしのケースでした。「長期間の別居」とはどの程度か、特段の事情の内容等の明細は今後の裁判例の積み重ねになります。

この最高裁判決からみても別居二年、幼い二子の存在というあなたのケースの場合、有責配偶者である夫からの離婚請求は認められないと思われます。

Q4 夫が勝手に離婚届を出そうとしています

A 不受理届を出しましょう

私は夫と別居中ですが、離婚の条件につき納得がいかないので離婚届にハンをつかずにいます。ところが夫は電話で「いつまでも強情をはるなら、こっちで届けを作って出す」と言って来ました。そのような届けを出させない方法はありますか。もし、もう出されてしまったら、どうしたらよいでしょう。

協議離婚は夫婦が離婚することを合意し役所（市役所、区役所、町村役場）に届出をする事によって成立します。ですから届出書にハンを押して、届出を夫の方に頼んだものの、離婚する気がなくなったり、設問のように勝手に夫が離婚届を出すおそれのある場合は、役所の市区町村長宛に離婚届を受理しないでほしいという「不受理届」を出せばよいのです。尚この届は提出後六カ月以内のみ離婚届の受理を阻止できますので、更に阻止を延長したい場合はまた同じ趣旨の申立をすればよいでしょう。

ところで、夫が勝手に作成して協議離婚届を出してもその協議離婚は妻の方に離婚する意志がなかったのですから「無効」なのですがこのことを世間に認めてもらう為には裁判所で離婚無効を確認してもらわなければならないのです。

その方法ですがまず最初に家庭裁判所に「協議離婚無効確認」の調停を出す訳です。その調停で夫が勝手に離婚届をしたことを認め裁判所でも夫と妻の話を聞き、その他の証拠と合わせて見て、夫が勝手にやったという心証を得れば「合意に相当する審判」(家事審判法二三条)というものをします。これで離婚の無効であることが確認されたことになりますが、この審判に対して二週間以内は利害関係人から「異議の申立」というのができます。従って二週間以内に誰も異議の申立をしなかった時に「確定」しますので戸籍係の方に審判の結果を届出ればよいのです。

ところでもし夫が家庭裁判所で、妻も離婚届を出すことに異存なかったと争った場合はどうなるでしょうか。このような場合には家庭裁判所ではもうどちらの言分が正しいのか、証拠調べをしたり証人尋問をしたりする事ができません。そこで調停の席ではどうしても話合がつかない時は「協議離婚無効確認」の裁判を起すことになります。

Q5　子どもを引取ることができますか

A　同居の子は引取れます

夫の暴力がひどく別れたいのですが夫は「離婚しても子供は渡さない。お前には育てる力がない」と言っています。たしかに私の実家は豊かではありませんが、一時的に福祉の力を借りる等してがんばれば、何とかやれると思います。それでも子供を引取ることはできないのでしょうか。

離婚の際未成年（二十歳未満）の子供がいる場合は、夫婦の協議でどちらか一方を親権者と定めて離婚届に記載しなければなりません（民法八一九条一項、同七六五条、戸籍法七六条一項）。当事者の協議で決めることが出来ない場合は、家庭裁判所に調停、審判を申立てて決めることになります（民法八一九条五項）。裁判離婚をする場合には離婚を認める判決とともにその裁判所が親権者を決めます。（同条二項）。

●親権を行う者別にみた離婚件数割合の年次推移

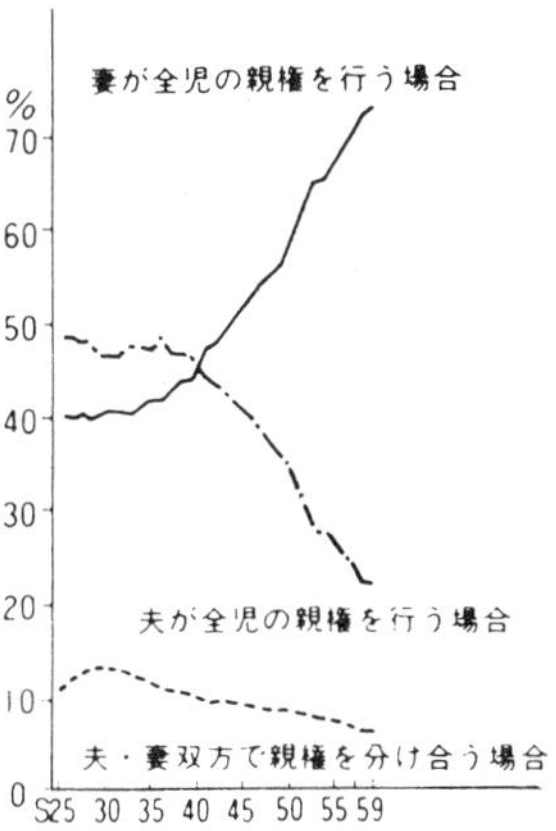

ところで、家庭裁判所での取決めの実態は次頁の表のとおりで親権者を母とする件数が年々ふえています。

では、裁判所等が親権者を決める場合にはどのような事情を考慮するのでしょうか。そもそも、親権とは未成年の子供が一人前の社会人になるまで、監護、養育する親の責務ともいうべきものですから、親権者をどちらにするかは、何より子供の利益、幸福を中心に決められるべきものです。

したがって、通常考慮されるのは以下のような事情ですが、裁判所が判断する時点で子供が父、母いずれの手元で養育されているかが重視されます。子供が幼児であり母親の下で育てられている場合はよほどの事情がないかぎり母親が親権者と指定されます。

〈考慮される事情〉

①父母の内的事情

・何より、子供に対する愛情が重要です。
・性格的な異常、極度の情緒不安定、アルコール等に依存していたり、あるいは以上のようなことが原因で暴力を振るったりする親は、親権者として不適当です。

②父母の外的事情

・生活環境（仕事の有無、内容、時間帯等）、子供の養育にどれだけ時間を確保できるか、適切な補助者がいるか等。

・経済状況　経済的にいずれが優っているかも判断要素とはなりますが、重要な要素ではありません。本来は、養育費をどのように負担し合うかで解決すべき問題だからです。

③子供の側の事情

・子供の年令が低いほど母親と一緒に生活するほうが幸福であると一般に言われています。また、子供が自分の意思を表明出来る年令であれば（大体十四歳前後がひとつの目安となると思われます）、その意思も一資料となります。

　さて、以上の他にも様々な事情が考慮されますが、結局は子供の幸福な成長にとっていずれが親権者として適しているかという問題ですので、経済力がないという理由だけで親権者になれないということは決してありません。調停、裁判ではあなたが引き取った方が子供にとってもよいということが調停委員、裁判官にわかってもらうことが大事です。

婚姻関係事件における親権者指定の態様の推移

年度	総数	父		母		双方		その他
		件数	比率（%）	件数	比率（%）	件数	比率（%）	
昭和53年	10,802	2,380	22.0	7,608	70.4	789	7.3	25
54年	10,821	2,331	21.5	7,698	71.1	777	7.2	15
55年	11,430	2,349	20.6	8,332	72.9	721	6.3	28
56年	11,859	2,278	19.2	8,732	73.6	816	6.9	33
57年	12,362	2,337	18.9	9,224	74.6	778	6.3	23
58年	12,314	2,248	18.3	9,241	75.0	799	6.5	26
59年	12,329	2,241	18.2	9,310	75.5	762	6.2	16
60年	11,686	2,018	17.3	8,915	76.3	746	6.4	7

（注）　1　総数は調停離婚、協議離婚届出の調停成立又は24条審判事件のうち未成年の子を処置すべき件数である

2　双方とは数人の子の親権者を父母双方に分けた場合をいう

3　その他とは協議離婚届出の合意が成立したが、子の親権者については数人の子のうち一部の子についてのみ合意が成立したが、残りの子については後日届出までに定めるとするなど調停成立時に確定していないような場合をいう。

Q6 子どもの姓はどうなりますか

A 姓を選択することができます

①離婚して二人の子供の親権者は私となりますが、子供たちは姓が変わるのがイヤだと言い張ります。親権者と子供の姓が違うのも何かと不都合ですし、何かよい方法はないでしょうか。
②仕事の都合もあり、前夫の姓を名乗っていますが、実家の墓に入るには、実家の姓でないとダメだと言われました。どうしたらよいでしょう。

現在の民法では結婚の際には「夫又は妻の氏を称する」（七五〇条）ということになっており、夫の姓にしなくてはならないという定めはありません。けれども実際には、女性の方が姓を変えている場合がほとんどです。さてその場合、離婚となると今度は、民法七六七条一項により、何もしないでいればもとの姓に戻ってしまう（これを復氏と言います）ことになっています。しかしながら子ども、職場、等々結婚後の姓で作りあげてきた人間関係を思うと、そうちょこちょこ姓を変えるわけには行かないというケースも多いはずです。そこで民法七六七条二項は離婚の日から三ケ月以内に届出（市役所、区役所（仙台市の場合）、町村役場に）をすれば、離婚した夫と同じ姓を使い続けることができるとしています。

①について

親権者が誰であれ子供の姓は両親が離婚しただけでは変わりません。そうすると離婚の際復氏した母親が親権者である場合、親権者と子の姓が違ってしまうことになります。それでは困るという場合は家庭裁判所の許可を得て（この申立書は家庭裁判所に用紙が備付けられていますし、許可は簡単にもらえるのが普通です）子の姓を母の姓にそろえることができます（民法七九一条。許可を得た後、市区町村役場にその旨届出て下さい）。

母子の姓が違うのも困るが従来の姓と変るのも嫌だということであれば、母が上述の七六七条二項の届出をする他ないでしょう。

②について

仙台市の墓地条例では六親等内の親族は姓に関係なく埋葬を認められることになっているので市営墓地の場合は問題ないと思いますが、民間の墓地では面倒なところもあるようです。どうしても実家の墓に入れない場合、グループで共同墓を持つなどの方法も考えてみてはいかがでしょうか。

Q7 養育費はどれくらいもらえますか

子供を引き取った場合、養育費を払ってもらえると聞きましたが、いくら位請求できるのでしょうか。また、確実に払ってもらえる方法はありますか。

A 別れる前と同じ程度の生活費を要求できます

離婚に際しては父母のどちらか一方が親権者となりますが、親権者とならなかった方の親が以後子供を扶養する義務を負担しなくて良いというわけではありません。

親子関係は依然存在しているのですから、子供を扶養する義務は両親とも応分に負担しなければならないのです（民法八七七条一項）。

そこで、親権者ではないからとか、子供を引き取らないからという理由で養育費の支払いを拒むことはできませんし、これは子供自身の権利ですから、養育する親がいらないといったことがあっても、子供が扶養を必要とする限り支払い義務を免れることは出来ないのです。

　また、親の未成熟子に対する扶養は最低限度の生活を保障する生活扶助義務ではなく、相手方に自己と同程度の生活を保障する生活保持義務とされていますので、父と同程度の生活水準を維持できるだけの額を請求できます。

　さて、養育費は子供が何歳になるまで支払うのかについては、何歳までという決まりはありません。それぞれの家庭状況によって異なってきますが、多くは成人までとしているようです。

　養育費の負担割合、額については、まず、両親の話し合いで決めますが、話し合いがまとまらなければ、家庭裁判所に調停の申立てをし、調停か審判で決めてもらうことになります。

　家庭裁判所では、実費方式、生活保護基準方式、標準家計費方式、総合消費単位方式（労研方式）といった計算式を使って金額を出していますが、これも一応の目安であって、具体的には支払う側の経済状況等を考慮して計算上の額を修正して決められます。

　家庭裁判所の調停により実際に支払われている額については、子供一人の場合は月額二万円から四万円、二人の場合は四万円から六万円が多いようです。

　しかし、この金額もあくまでひとつの目安で、それぞれの事情によって異なり、多い例では月に二十万円という例もあります（養育費支払額一覧参照）。

　次に、養育費の支払いを確保する方法ですが、一番確実なのは、家庭裁判所の調停調書にしておくことです。そうすれば、強制執行もできますし、家庭裁判所から履行勧告（支払うよう勧告してもらう）や履行命令（支払えと命令してもらう）を出してもらうことも出来ます。ただし、履行勧告については、相手がこれを無視しても制裁はありません。履行命令に従わない場合は十万円以下の過料に処せられることがあります。

　当事者の合意だけで決める場合は、最低限書面にしておくことが必要ですし、出来れば公証人役場に行って執行受諾文言付きの公正証書にしておけば、不払いのとき強制執行することが出来ます。

「離婚」の調停成立又は２４条審判事件のうち母を監護者と定めた未成年の子有りの件数
ー夫から妻への養育費支払い額別子の数別ー全家庭裁判所
取り決めが月額と一時金の双方の場合には月額を優先して分類してある。

母が監護者となった未成年の子の数	総数	うち夫から妻への養育費支払の取り決め有り										
		総数	月額									一時金
			総数	1万円以下	2万円以下	4万円以下	6万円以下	8万円以下	10万円以下	10万円を超える	額不定	
総数	10,448	7,869	7,581	367	1,132	3,036	1,954	411	376	260	45	288
胎児	1	1	1				1					
1人	5,424	3,969	3,811	227	781	1,961	630	83	73	34	22	158
2人	4,073	3,184	3,075	116	307	954	1,085	274	205	118	16	109

養育費支払額一覧

	子の年齢	夫の職業	妻の職業	月々支払額	一括額	取り決め日	取り決め方法	備考
①	7歳	会社員	無職	毎月7万円 但しボーナス月は 15万円	―	90.4	裁判上の和解	他の財産給付なし
②	10歳、7歳	医師	会社員	離婚成立後 3年間　月20万円 その後　20歳まで 月10万円	―	90.10	示談	訴提起後 裁判外で示談
③	5歳	飲食店	無職	10万円	―	90.9	示談	
④	14歳、13歳	会社員	会社員	8万円	―	89.3	調停	
⑤	12歳、10歳	板前	無職	8万円	―	88.3	裁判上の和解	
⑥	14歳	雑貨商	パート	―	100万円	88.1	調停	
⑦	18歳	会社役員	会社員	10万円	―	91.4	調停	
⑧	16歳	会社員	無職	5万円	―	90.7	調停	
⑨	10歳、7歳	医師	無職	5万円 但し、5年ごとに1万円 ずつ増額で20歳まで	過去の養育料 215万円 但し2回の 分割	91.3	裁判上の和解	
⑩	18歳、16歳、14歳	会社員	会社員	5万円	―	91.3	裁判上の和解	
⑪	2歳	会社員	会社員	4万円	―	89.9	示談	
⑫	5歳、4歳	会社員	無職	3万円	―	89.9	調停	
⑬	1歳	アルバイト	アルバイト	3万円	―	90.10	示談	
⑭	5歳	会社員	看護婦	3万円	―	91.4	調停	

（注）月々の支払額は総額である。
宮城県内における弁護士関与の実例である。

Q8　養育費の取決め後、前夫が死んでしまいました

家庭裁判所で合意にこぎつけ離婚してまもなく前夫が死んでしまいました。養育費のとり決めはどうなるのですか。
遺族年金をもらえる権利はないのでしょうか。

A　未払い分は相続財産に請求できます

〈養育費について〉

前夫が死亡した場合、養育費支払義務は、相続の対象とはなりません。未成熟の子に対する養育費の支払いは、親子関係そのものから発生する扶養義務なので、養育費支払義務は、被相続人である夫・父の一身に帰属する義務（民法八九六条但書、いわゆる帰属上の一身専属権）と考えられるからです。したがって、前夫の相続人（具体的には前夫の現在の妻などが考えられますが）に対して、養育費の支払いを求めることはできません。もっとも、両親が離婚しているかどうか、親権者が

誰かにかかわらず、子は自分自身も相続人になるので、養育費の定めの有無にかかわらず財産を分けてもらうことはできます。

また、前夫が死亡するまでの間に支払いを怠っていた養育費がある場合には、その分については単なる金銭債権と考えることができるので、前夫の相続人に対し、金銭債権として支払いを請求することはできます。もっとも、この場合でも、右にのべたように子も前夫の相続人となり、子の相続分については、自分に対する債務を相続することになりますが、それは法律上混同により消滅するので、結局その他の相続人に対し、その相続分に応じて支払いを請求できることになります。

〈**遺族年金について**〉

まず、遺族基礎年金ですが、これは、夫またはは父親であった者の死亡の場合に、生活費を支給することが目的であり、死亡者に扶養されていた妻又は子が遺族となりますから、離婚した妻は、遺族基礎年金の支給を受けることはできません。

子については、一八才未満であるか二〇才未満であって法定の障害状態にあり、かつ現に婚姻をしていないことが要件となり、この要件を満たす子が養育費の支払いを受けていれば、遺族に該当すると考えることができます（国民年金法第三七条、同第三七条の二）。ただし、子に生計を同じくする母があるときは、遺族基礎年金の支給が停止されますので（同法第四一条）、結局、あなたと一緒に暮らしている子が前夫の遺族基礎年金を受けることはできません。

前夫が厚生年金の被保険者であった場合に

は、子は遺族厚生年金の支給を受けることが可能です（厚生年金保険法第五八条、同法第九条）。

なお、遺族年金についての詳細は、社会保険事務所へ問い合わせてみるとよいでしょう。

Q9　別れた子どもに会わせてくれません

A　面接交渉権を利用しましょう

①離婚の際夫が子供の親権者となり夫が子供を引取りました。離婚後三年間は夢中で働き、ようやく子供にこずかいでもやる余裕ができたので会わせてもらおうとしたところ「子供に悪い影響を与えるからダメだ」と言われました。
②離婚の際私が子供の親権者となり子供を引取りました。数年間音信不通だった前夫が突然深夜に「子供に会わせろ」と電話してきました。前夫は暴力を振るうし子供もいやだと言うので会わせたくないのですが……。

わが国では、面接交渉権（離婚後子供を育てていない方の親と子供が互いに会ったり、文通したりする権利）については法律に直接の定めがないのですが、やはりこのような権利はあるものと考えられています。ただ、もちろんその権利は、離婚した夫婦の間の紛争のむし返し等のために使われてはならず、子供のために用いられねばなりません。

「会いたい」「会わせたくない」と言い合って話しがまとまらないときは、離婚後でも家庭裁判所の調停・審判を利用することができます。家庭裁判所では、心理学等の専門家である調査官が、双方の言い分や子供の意見を聴く等して調査を行い、その結果に基いて面接交渉の方法、回数等が決められますが、面接交渉が子供に害を及ぼすことの明らかな場合には面接交渉が全面的に制限されることもあります。

調停・審判の中立は面接交渉を求める側から行うことが多いのですが、逆の側からも可能ですので、①の事案はもちろん、②の事案でも二人だけで話合ってこじれさせるよりも調停の中立をして話合いを公の場に持ち込んだ方がよいと思います。調停がまとまらず審判となった場合、①の事案で全く面接交渉を許されないということはおそらくないでしょうし、②の事案では面接が禁じられる公算もかなりあり、仮に面接交渉することになるとしても、はじめは調査官立合の上で子供が遊んでいるところを遠くから見る方法等、大幅に制限された安全な方法によることになると予測されますので、話合いをこじらせて暴力をふるわれたりすることに比べれば多少時間や費用がかかっても得策であると言えます。

Q10 慰藉料・財産分与はどれくらいもらえますか

A ケース・バイケースです

離婚したいのですが、土地・家屋・預金などすべて夫名義なので経済的なことが不安です。財産を分けてもらえますか。別に慰藉料ももらえるのですか。

離婚するに際しては、婚姻中に夫婦で築いてきた財産の清算が当然必要になります。この財産的清算関係が財産分与といわれているものです。

従って、財産分与の対象となる財産は、夫婦が婚姻期間中に夫婦で協力して形成した財産です。夫の給料によって夫婦が生活している場合でも、妻が家庭において家事をすることによって夫の勤労者としての生活を維持し、夫の給料取得に貢献しているのですから、夫の給料で取得した土地・家屋、あるいは預金等はすべて夫婦で形成した財産といえます。

実質的に夫婦で形成した財産であれば財産分与の対象となるのであって、その財産が夫名義であるかどうかは問題ではありません。従って、名義に関係なく夫婦で協力して取得したものであるなら、財産分与の対象になります。

分与される金額は財産形成の貢献度、財産の種類、金額、婚姻期間などによりケース・バイケースです（離婚に伴う財産分与・慰藉料支払額一覧参照）。はっきりした相場はありませんが、あえていえば共働きの場合なら財産の二分の一、専業主婦の場合でも財産の四分の一から三分の一は分与されることになります。

以上のような財産分与に対し、慰藉料とは離婚せざるを得ない原因をつくった有責配偶者が、他方配偶者の精神的苦痛に対して支払う暗償金です。ですから、夫の側に離婚原因があるならば、財産分与とは別に慰藉料をもらえます。なお、慰藉料の額は、婚姻期間、有責度等個々のケースに応じて決められるものです。したがって相場はあってないようなものですが、百万円から五百万円位の例が多いようです。

なお、実際上は財産分与、慰藉料等の名目のいかんをとわず離婚に伴う給付として一括に処理されることが多いようです。

慰藉料の支払額一覧〉

妻が取得した財産（財産分与＋慰藉料）	離婚成立月	成立内容	備考
自宅 2億9,000万円 その他不動産 7,300万円 現金一括払 5,000万円 合計 4億1,300万円	90.7	示談	夫から妻への離婚請求
現金一括払 1,900万円	89.2	裁判上の和解	法律扶助事件 不動産仮差押
現金一括払 950万円	89.7	調停	法律扶助事件 退職金債権および不動産につき仮差押
現金1,000万円 但し頭金300万円と残金700万円を年1回100万×7年払い	88.5	裁判上の和解	法律扶助事件 分割払いのため夫名義の自宅に抵当権設定
財産分与250万円、慰藉料200万円 合計450万円を支払えとの1審判決	90.1	判決	控訴審で和解成立
現金一括払 450万円	−	裁判上の和解	自宅売却代金残金よりの支払い 子2人に養育料なし
現金一括払 310万円	89.3	調停	
現金一括払 200万円	88.3	裁判上の和解	
現金一括払 70万円	88.1	調停	

〈離婚に伴う財産分与・

	結婚年数	夫の職業	妻の職業	離婚原因	夫名義の財産
①	55年	開業医	なし	性格不一致 不貞	自宅 2億9,000万円 その他不動産 7,300万円 預金、現金 5億円 合計 8億6,300万円
②	41年	貸家業	家業手伝い	暴力 不貞	自宅 2,500万円 その他不動産 4,000万円 合計 6,500万円
③	16年	会社員	無職	不貞	自宅 1,100万円 (但し住宅ローン残500万円) 退職金 2,000万円 合計 3,100万円
④	34年	会社員	会社員	不貞	自宅 2,500万円 (但し住宅ローン残180万円)
⑤	27年	雑貨業	会社員	性格不一致 暴力	自宅 600万円 その他不動産 300万円 合計 900万円
⑥	10年	不安定	会社員	借金	自宅
⑦	17年	会社員	会社員	−	特になし
⑧	16年	板前	無職	性格不一致	特になし
⑨	20年	雑貨商	パート	性格不一致	特になし

慰藉料の支払額一覧〉

妻が取得した財産（財産分与＋慰藉料）	離婚成立月	成立内容	備考
自宅	90.5	裁判上の和解	
現金 440万円 但し2回の分割払	89.9	調停	
現金一括払 450万円	89.4	調停	
現金一括払 100万円	90.11	調停	
現金分割払 250万円	90.7	調停	
現金一括払 150万円	89.11	示談	養育費の取決めなし
現金一括払 80万円	89.9	裁判上の和解	同居期間は半年
現金 300万円 但し年2回×2年の分割払	90.7	調停	同居期間は2年
現金 500万円 但し月々5万円の分割払	91.4	調停	
自宅の賃借権	91.2	調停	夫名義の自宅を賃借し、妻と子がそのまま居住する
現金一括 200万円	88.3	裁判上の和解	養育費取決めなし 夫名義の預金150万円、妻名義預金400万円は各人が取得する他に財産分与として200万円

示した。

〈離婚に伴う財産分与・

	結婚年数	夫の職業	妻の職業	離婚原因	夫名義の財産
⑩	30年	薬屋	家業手伝い	不貞	自宅 その他土地
⑪	10年	会社員	無職	妻の精神病	特になし
⑫	10年	会社員	会社員	不貞	自宅
⑬	6年	会社員	無職	不貞	特になし
⑭	18年	会社員	無職	賭事 借金	特になし
⑮	3年	会社員	パート	不貞	特になし
⑯	3年	会社員	会社員	性格不一致	特になし
⑰	4年	会社員	会社員	不貞	特になし
⑱	35年	会社員	寮母	金銭にルーズ	特になし
⑲	27年	銀行員	無職	精神病	自宅 不動産 預金
⑳	10年	公務員	無職	性格不一致	預金　150万円

注. 1. 離婚原因で特にことわりのないものは夫の側の原因。
　2. 妻が取得した財産は慰藉料・財産分与の名義のいかんをとわず総額で表
　3. 宮城県内における弁護士関与の事例である。

離婚の際動くお金

	財産分与	慰謝料
内容	婚姻中の財産の清算 離婚後の生活援助	婚姻中に受けた精神的苦痛への賠償
金額の決め方	婚姻期間 家庭生活への貢献度 未成年の子を引き取ったか否か 財産をつくるうえでの働き	精神的苦痛を補える額 抽象的で難しい／ケースバイケースで相場・平均はない 裁判所では100〜500万の範囲で認定することが多い
税金	所得税はかからない 不動産の場合渡した方に譲渡税	所得税はかからない 不動産そのものを渡した場合は、財産分与と同様
時効	離婚後2年	離婚後3年

Q11 夫が家を売ろうとしています

A 財産に仮差押・仮処分をかけましょう

調停で離婚・財産分与について話合い中ですが、夫は一番大きな財産である家を売り払ってしまうなどと言っています。止める方法はありませんか。

調停の申立から手続きの終了までにはある程度の日数が当然かかりますが、その期間中に財産が売却されてしまったのでは、せっかく調停で慰藉料・財産分与についての話合いがついてもその実効がおさめられません。そこで、手続きが終了するまで財産を処分できないように保全の手続きをとることが法律上認められています。

まず、調停委員会は、調停申立後手続き終了までの間必要と認める処分を命ずることができる（家事審判規則一三三条一項）ので、お尋ねのような場合調停委員会は夫に対し家を売却することを禁止する旨の仮の処分ができます。しかし、この調停前の仮の処分には執行力がありませんので、家の売却を決定的に阻止することはできません。実際上もこの制度はほとんど利用されていません。

そこで、民事上の保全手続を活用することになります。つまり、地方裁判所に不動産の仮処分申請をなし、問題の家につき処分禁止の仮処分命令を出してもらえば、登記簿に処分禁止の登記がなされますので、夫が家を売ることはできなくなります。但し、この仮処分が認められるのは夫が家を売り払おうとしている切迫した事情がある場合に限られます。仮処分申請に要する費用（保証金）が用意できない場合は、法律扶助制度（P81）を利用することもできますので弁護士に相談してみて下さい。また、夫が退職金をもらって女性と一緒に逃げ出そうとしているときは退職金債権を仮差押することもできます。通常退職金はその四分の一しか仮差押することができませんが、のこされた妻子の生活の窮状等の事情によりその二分の一位まで仮差押をすることができる場合もあります（民事執行法第一五三条一項）ので弁護士によく相談してみて下さい。

Q12 前夫のサラ金からの借金を払わなければなりませんか

夫が私に内緒でサラ金から借金をしたのがふくれあがり、とても返せなくなったことがきっかけで離婚しました。途中からは、私も連帯保証人ということでハンをついた借金もあります。いまだに業者は私のところに金を返してくれと言って来るのですが、私には払う責任があるのでしょうか。

A 原則として払う必要はありません

まず、あなたが連帯保証人として署名・押印をしていない前夫の借金については、原則として、あなたには、法律上これを支払う義務はありません。夫婦であっても、それぞれ別個の法主体なのですから、夫の借金がただちに妻の借金となることはないのです。

ただし、夫婦の「日常家事」に関する行為については、夫婦が相互に連帯責任を負うことになり（民法第七六一条、日常家事債務）、これについてはあなたも、前夫の借金を支払わざるをえません。そこで、サラ金からの借金が日常家事債務に当たるかどうかが問題となりますが、日常の家事に関する行為とは、「個々の夫婦がそれぞれの共同生活を営むうえにおいて通常必要な法律行為」を言い、その具体的な範囲は、「個々の夫婦の社会的地位、職業、資産などによって異なり、また、その夫婦の共同生活の存する地域社会の習慣によっても異なる」（最高裁昭和四四・一二・一八判決）とされており、取引の類型ごとに個別的に判断されます。

たとえば、冷蔵庫や洗濯機のような家電製品を購入した代金債務は、日常家事債務に当たるでしょう。しかし、金融機関からの借入は、通常は特別な行為であり、その行為の性質から原則として日常家事債務性は否定されますので、本設例のようなサラ金からの借金は、原則として日常家事債務に当たりません。

したがって、あなたは、前夫のサラ金からの借金については、日常家事債務として連帯責任を負うことも、原則としてありません。このようにあなたに責任のない借金についてあなたのところに催促が来るときは、弁護士に依頼して、「支払義務がないので催促は違法である」という内容の通知を出してもらいましょう。

以上に対して、あなたが連帯保証人として署名・押印をした借金については、あなたは、法律上前夫と同じように支払う義務があります。連帯保証人は、主たる債務者と連帯して債務を履行すべき法的責任を負います（民法第四五四条）。連帯保証契約は、あなたと債権者との間で成立する契約ですから、連帯保証契約後にあなたが主たる債務者と離婚したとしても、そのことは、連帯保証契約に何の影響も与えないのです。ですから、あなたは、離婚を理由として支払いを拒むことはできません。

なお、連帯保証人でない保証人の場合でも、主たる債務者である前夫が支払わないときには、あなたが支払い義務を負うことになります。このように保証人や連帯保証人になると重い法的責任を負うことになりますから、簡単に保証人や連帯保証人としてハンをついたりしないよう充分に注意することが必要です。

連帯保証債務が高額で支払い切れない場合自己破産して支払いを免れることもできますので弁護士によく相談して下さい。

Q13 離婚と一緒に養親と離縁するときの財産分けはどうなりますか

夫は私の両親と養子縁組をしており私の両親・祖母と同居して結婚生活を続けてきました。私から離婚を言い出した場合、離婚に伴う問題の他、縁組解消の問題も出てくると思いますが、縁組解消に伴う慰藉料・財産分与はどれ位になるのでしょうか。

A 養親への財産分与請求は原則としてできません

離縁は、養親と養子が合意すればその理由の有無を問わず可能です。これが協議離縁です。

しかし、双方の合意が出来なければ、家庭裁判所での調停、地方裁判所での訴訟など、公的機関での解決を計ることになります。その場合に問題となるのが、離縁を求める理由があるかで、これを「離縁原因」と言います。離縁原因は民法八一四条に三種規定されていますが、第一は悪意の遺棄、第二は三年以上の生死不明、第三は縁組を継続しえない重大な事由がある場合です。

そこで、御質問の貴女と夫との離婚が両親と夫との離縁の理由となるか、ですが、夫を養子に迎えた理由が貴女との婚姻と強く結びついていて、貴女との離婚により養子縁組を継続することが相当でないと判断される場合は、右にあげた第三の類型「縁組を継続しえない重大な事由」に該当する、との理由で離縁が認められると考えられます。少し事例は異なりますが、家業の承継者との目的で娘に婿をもらい養子としたが、娘との夫婦仲が冷えきっており、家業にも専念しないとの理由で、養親からの離縁請求が認められた裁判例があります。

さて、次に離縁の場合、慰藉料、財産分与の請求ができるかですが、まず慰藉料について考えてみましょう。

慰藉料は、離縁に至るについて主として責任のある当事者が相手方に支払うものですが、その内容は、養子縁組中の暴行や虐待などの個々の有責行為により受けた心身の苦痛を慰藉するものと、離縁せざるをえなくなったこと自体の精神的苦痛を慰藉するものとに分けられます。そして、その金額については、破綻に至った原因、有責の割合、縁組（同居）期間、資力・資産、年齢などにより異なります。

以上のように、離縁の慰藉料については離婚の慰藉料についての考え方や処理とかなり似ているわけです。

そこで財産分与ですが、離婚の場合と異なり、民法上離縁に際し財産分与請求権を認める規定はありません。学者の中には、離縁に際して財産分与請求権を認めないと、例えば何十年も養親に尽くし、養親の家産の維持・増殖に貢献した養子が無一文で養家を追われたりする弊害が防止できないとして、離婚の場合と同様に財産分与請求権を認めるべきだと主張する人もいますが、裁判所は否定的です。ただ、そのような不都合は慰藉料の額で斟酌しているようです。勿論慰藉料は前記のような性格のものですから、このような処理にも限界があり十分とは言い難いようです。

御質問の場合、結局は、離婚・離縁に至る基本的責任がどちらにあるかで、慰藉料（財産分与的意味も加味して）の支払を要するか、その額はどの程度かが決まってくるわけですが、どちらとも断定し難い事情で、双方に不和が生ずることも多いと思われますので、家庭裁判所の調停などでよく話し合って解決を計るのがよいでしょう。

Q14 慰藉料・財産分与に関する税金は…

A もらう方にはほとんどかかりません

離婚に際し、財産分与として家を渡してもらおうと請求したところ、夫は税金がかかるから嫌だと言っています。誰にどんな税金がかかるのですか。また、その家のローンが二年分残っていますが、その点はどうなりますか。

夫の名義の家や土地を財産分与として妻の名義に移すと、夫には譲渡所得税がかかりますが、妻には、譲渡所得税や贈与税はかからず、不動産取得税だけであるのが原則です(但し、財産分与を受けた財産があまり過大であると、過大な部分について贈与税がかかる場合があるというのが税務署の扱いのようです)。

財産分与というと「タダでくれてやる」と

いう感覚が強いかもしれませんが、税法上は、家や土地を売った場合の売主と同様の扱いで夫に税金がかかるのです。

譲渡所得税の計算は、分離課税による場合と総合課税による場合がありますが、分離課税では、売却代金額から取得費用や売買費用等を差し引いた差額（譲渡所得）に対して課税されます。

財産分与の場合は、特に値段等を問題にしないで行うのが通常ですが、この場合は、夫が妻に「時価」で売ったと考え、税務署がその財産の時価を評価して課税します。たとえば、二千万円で取得していた家が、現在三千万円の時価と評価されれば、差額の一千万円に対して課税され、家のローンが残っていても、三千万円の時価評価がその分安くなるわけではありません。土地等が値上りしていれば、その分について税金がかかることになるのです。

なお、慰藉料は、現金でもらえば税金はかかりませんが、慰藉料として家の名義を変えてもらうと、やはり譲渡所得税がかかります。

以上が原則ですが、現に住んでいる家のような居住用資産については、税法上いくつか特例があります。

(1)あなたたち夫婦が結婚して二十年以上の夫婦であれば、離婚前に家を贈与してもらえば、二〇六〇万円までは贈与税がかかりません。

(2)また、居住用資産を売る場合には、三千万円の譲渡所得の特別控除が認められており、離婚届出後に財産分与を受ければ、元夫婦間でもこの特例の適用を受けられます。（但し、この方法は先に離婚してしまう点で不安があります)。

これらの特例を利用して、夫にも妻にも税金がかからないようにする工夫も可能ですが、いずれも、現実に特例の適用を受けるにはいくつか条件や手続が必要であり、素人知識でやるのは危険なので、必ず税理士や弁護士に相談して下さい。

Q15 不貞の相手に責任をとってほしいのですが

夫がサークル仲間の若い女性と親しくなり、家を出て同棲するようになってしまいました。彼女は私や子供がいることもはじめから知っていたのに「好きになったから仕方ない」などと言って身を引こうとしません。離婚したら夫はすぐ彼女と結婚してしまうでしょうし、夫にはほとんど財産もなく、慰藉料を払うあてもないと思います。それより彼女から慰藉料をとりたいのですが、請求できますか。

A 慰藉料が請求できます

夫婦にはお互い貞操を守る義務というものがあります。これを言いかえれば、相手に対して貞操を守らせる権利がある、ということになります。夫がサークル仲間の若い女性と同棲していることは、明らかに夫の守操義務違反であり、その女性も共同不法行為者になります。

ですから、あなたからその女性に対して慰藉料を請求することができますが、あなたとしては、夫と離婚を合意してもしなくても、又、夫から慰藉料を取っても取らなくても、いづれにしても夫とは別個にその女性に慰藉料の請求ができる訳です。

その場合の慰藉料の金額が問題ですが、一口で言うと、あなたがどれだけ精神的苦痛を受けたか、ということによります。具体的には、婚姻期間がどの位か、夫婦の間に子供はいるか、今まで夫婦の間は円満であったか、それとも事実上破綻していたか、その女性問題が原因となって離婚にまで至ったか、あるいは夫が反省して妻のもとに戻って来たのか、又、女性と夫の間に子供がいるか否か、等という事が考慮されます。更に、夫と彼女との関係では、どちらが積極的だったか、ということも考慮されることがあります。判例も、夫と情交関係を継続した女性に対する妻の慰藉料を認める際に、夫の恣意な愛欲によるところが大であることを考慮したもの、当初相当期間は女性が全く消極的であったこと等を考慮したものがあり、これらは慰藉料減額の事由となるでしょう。

理論的には慰藉料の額は、相手の資力には関係ないはずなのですが、実務ではどうしても、相手に資力があれば高い慰藉料が認められ、支払能力が無い人に対しては低額の慰藉料しか認められない傾向にあります。あなたの場合、具体的にどれだけの慰藉料になるのかお答えできませんが、もし弁護士を依頼して訴えを起こすと、一定の弁護士費用も加算して慰藉料が認められます。

実際に裁判所で認められた慰藉料の額としては、五〇万円から五〇〇万円くらいまでの例がありますが、だいたい一〇〇万円から三〇〇万円位が相場と言えるでしょう。これをもとに右に述べた諸点を考えてみればおおよその金額の見当がつくと思います。

Q16 裁判にはどれくらいのお金と時間がかかるのですか

夫と別れたいと思い調停を申立てましたが、夫は調停に出てきません。きちんと離婚して様々な手当も受けたいのですが、調停がだめで裁判を起すとなると、どの位のお金と時間がかかるのでしょうか。

今の生活もままならないのに裁判費用なんてと心配です。

A 離婚だけなら30万円程度、法律扶助の制度もあります

〈裁判にかかるお金〉

裁判にかかる費用は、実費即ち訴状に貼る印紙代（離婚だけ請求する場合八二〇〇円、財産分与を請求する場合はプラス九〇〇〇円、慰藉料を請求するときは金額によるが仮に三〇〇万円請求の場合でプラス二二、六〇〇円）と切手代（約五〇〇〇円）それに弁護士費用がかかります。

裁判は弁護士を頼まないで本人が起すこと

も可能ですが、裁判は調停と異なり書面や証拠の出し方にも難しいルールがあったり、最終的には自分に不利な判断（判決）を下されることもありますので、弁護士を頼んだ方がよいでしょう。

弁護士費用は、弁護士を頼むときに着手金、事件が解決したときに報酬金を払うことになっています。金額については依頼人が得られた経済的利益に応じて算定されますが事件の難易度、解決までに要した時間なども考慮されます。そこで、大切なことは事件を頼むときにあらかじめよく弁護士と相談することです。具体的にはケース・バイケースですが、離婚だけを求める場合、着手金は三〇万円程度を用意すれば十分でしょう。報酬については解決内容、解決に要した時間によって決まりますので弁護士と相談して下さい。

弁護士を頼みたいが費用が用意できないとき、法律扶助を利用しましょう。法律扶助協会は裁判費用や弁護士費用を用意する資力がない方のために、その費用を立替えてくれ、弁護士も紹介してくれます。立替えられた費用は原則として月々五〇〇〇円を返済しなければなりませんが支払猶予もありますので詳しくは法律扶助協会仙台支部へ問い合わせて下さい（本書81頁参照）。

＜裁判にかかる時間は＞

夫が裁判でどの程度争うかにもよりケース・バイケースですが、地方裁判所で行なわれる第一審で二〜三年、高等裁判所に上訴されるとさらに二年位かかるでしょう。ただし、夫が行方不明で裁判を起すケース（Q3参照）は半年位で解決します。

夫がどうしても離婚に応じない場合や子供の親権を双方が譲らない場合は長びくこともあります。ある程度の時間がかかることは覚悟した上で、新しい生活＝事実上の離婚＝を進め生活を安定させ、最後に戸籍上の離婚をする位の気持ちでがんばりましょう。

Q17 調停はどこの裁判所へ申し立てればよいのですか

夫と私は東京で結婚生活を送っていましたが、夫の女性関係に悩んだ末、幼い子二人を連れて仙台の実家に戻ってきました。夫と別れたいので調停を申立てたいのですが、どこの裁判所に申立てればよいのでしょう。調停がまとまらず、裁判を起す場合はどうですか。

A まず自分の住所地の家庭裁判所へ申し立ててみましょう

家事調停は相手方の住所地を管轄する家庭裁判所か、当事者が合意で定める家庭裁判所で行うことになっています。

あなたの場合、原則として相手方の住所地を管轄する東京家庭裁判所になるわけですが、幼い子二人を抱えているのに東京の裁判所まで行って調停を行うのは大変ですので、とりあえず仙台の家庭裁判所に調停申立をしてみると良いと思います。夫が呼び出しに応じて仙台に出てくれれば、仙台で調停することも可能です。

しかし、夫が呼び出しに応じない場合は、東京で調停をすることになります。

調停がまとまらず、裁判をする場合には、法律（人事訴訟手続法第一条第一項）で、

夫婦が同居の場合は、その住所地を管轄する裁判所

現在別居で、前に同居していた住所（ないし同じ地方裁判所の管轄区域内）に妻か夫が残っている場合は、残っている者の住所地を管轄する地方裁判所

に裁判を起こさなければならず、例外は認められていませんので、あなたの場合は、東京地方裁判所ということになります。

ただ、もし、夫も東京を離れてしまっていれば、

夫婦が日本国内で同居したことがないか、現在別居で、前に同居していた住所（ないし同じ管轄区域内）に夫も妻も残っていない場合は、自分の住所地でも相手方の住所地を管轄する地方裁判所でもよい

という規定で、仙台でも裁判ができますから、引っ越ししたようであれば調査して下さい。

Q18 夫の暴力を裁判で証明することができますか

夫は、外ヅラはよいのですが、家に帰るとささいなことで私や子供に暴力をふるいます。どうやら会社でいやなことがあると、それを家で発散しているらしいのですが、おかげで私達は生傷がたえず、一度など私が肋骨を折って入院したことがあるほどです。今は子供のためにがまんしていますが、再来年子供が高校を卒業しますので、それから離婚したいと考えています。どんな準備をしておけばよいでしょうか。

A 証拠を集めておくことが大切です

夫の暴力を原因とする離婚は多く、家庭裁判所に申立てられた妻からの離婚調停事件でも暴力を原因とするものは「性格が合わない」についで二位になっています(ちなみに三位は「異性関係」)。実際、夫からの執拗な暴力で苦しんでいる妻は少なくありません。「顔が腫れ上る程殴る」「髪をつかんでひきずりまわす」「イスごとひきずり倒す」「つめ切りで顔を殴る」「首をしめる」の暴力を振るわれ、また「ガラス戸を割る」「テーブルをひっくりかえす」等々他人間であればただちに暴行罪、傷害罪、器物損壊罪が成立するような行為が家庭という密室の中で行われています。

ところで、暴力はたとえ夫婦間であっても許されるものではありません。民法は離婚の原因として「婚姻を継続し難い重大な事由」(民法七七〇条一項五号)を定めていますが暴力は右事由として離婚原因になります。また、離婚に際して慰藉料請求をする場合も夫の暴力は慰藉料算定に当って充分考慮される事由です。

ところが、いざ裁判となると、「暴力を振ったことはない」「夫婦ゲンカの成行きでつい手が出ただけだ」などと言い出す夫がいて暴力の証明に苦労することがあります。

そこで、裁判に役立つ資料をあらかじめ用意しておくことが必要になってきます。暴力の証明に役立つ資料として重要なのは医師の診断書です。「夫に殴られたなんて恥しい」「夫に医者に行くなと言われた」などといって病院にも行かずにがまんしてしまう人もいますが、まよわず医者に診断してもらうことです。診断書をとっておけばあとで証拠になりますし、診断書がなくとも診察券があれば医者にかかったことがわかります。こまくを破られたケースでは耳鼻科の診察券が役に立ちました。日記やメモの類も役に立ちます。家計簿の下に克明に綴ったメモから暴力の程度、回数が明らかになったケースもあります。いつどんな暴力を振われたのかきちんと記録しておきましょう。夫が暴れて壁を壊したり、家具をひっくり返したりしたら、その現状を写真に撮っておきます。暴力を振われて壊れた時計などの証拠物も保管しておきましょう。

ところで、離婚後のことで何よりも大切なのは離婚後の生活設計です。離婚裁判の準備だけではなく、離婚後に「どこで」「どのように」生活するのかについてもしっかりした準備をしておきましょう。

Q19 子どもを一人で育てていけるのか心配です

離婚して子どもを一人で育てていけるか、経済的に心配です。

A 児童扶養手当がもらえます

一八才未満の子ども（一定の障害がある場合は二〇才未満）がいる母子家庭には、児童扶養手当支給の制度があります（なお、平成七年四月から一八才の年度末＝高校卒業まで支給されることになった）。母親の年収その他の条件はありますが、条件を満たせば別表の額の支給が受けられます。

ただし次の場合は支給されないので注意して下さい。

① 子どもが施設に入所している（保育所、母子寮は含みません）

② 母親か子どもが、障害年金、遺族年金など他の公的年金を受給している。

③ 子どもが前夫の税法上の扶養親族になっている。

④ 子どもが母の離婚後の配偶者（同棲、事

実婚も含む）の経済的援助を受けている。

⑤　同居している扶養義務者（子どもの祖父母、おじなど）の所得が一定額以上の場合（おおむね六〇〇万円前後が限度額）。

また、正式に離婚してなくても父に一年以上遺棄（仕送りも連絡も一切ない状態をいう）されていることが窓口での面接によりみとめられれば支給されます。

この制度は離婚した母子家庭にとって、申請すれば比較的認定されやすいものです。申請は各区役所の保健福祉課（宮城、秋保総合支所管内は総合支所保健福祉課）にし、支給は四、八、一二月に前月分まで各四ケ月分ずつ銀行振込されます。なお、平成八年度には仙台全市で年間約五〇〇〇人の受給者がありました（但しこの数には父が死亡又は重度障害者、拘禁者である家庭も含まれている）。

☆児童扶養手当支給額

（平成9年度10月現在）

子供の数	支給額（月額）	前年度の母親の所得（課税標準額）	備考
1人	41,390	904,000未満	
	27,690	2,722,000未満	※それ以上のときはもらえない
2人	46,390	1,326,000未満	※月額2人で
	32,690	3,102,000未満	
3人	49,390	1,748,000未満	※月額3人で
	35,690	3,482,000未満	

（単位:円）

注1．子供の他に扶養家族はいないものとする。
注2．扶養家族数は、現在は平成9年1月1日が基準。
　7月1日から年度が新しくなります。
注3．所得制限額の年度きりかえが7月1日、手当額の年度きりかえが
　4月1日となっています。
注4．4人以上の場合は1人につき3,000円加算され、所得制限もゆるくなる。
　また、他の扶養家族がいる場合もそれぞれ所得制限が増える。

Q20 母子家庭への貸付制度がありますか

A 修学資金、就学支度資金が利用できます

母子家庭への貸付制度があると聞いたのですが。

母子家庭の経済的自立を助けるために低利の貸付資金制度があります。返済は半年から一年の据置期間のあと、三〜一〇年以内にすればよいので（学校関係は無利子、その他は年三％の利子）、他の融資に比べると有利です。ただし同一市内に住む連帯保証人が一名必要です。

しかし、実績数からみると事業開始資金（限度額二七六万）、事業継続資金（同一三八万）、就職支度資金（同十万）、住宅資金（同一四五万）、転宅資金（同二六万）などの比較的金額の高いものは、いずれも仙台全市で年間一、二件しかなく、審査はかなりきびしいことが想像されます。

ここでは、貸付け実績数の多い修学資金（平成元年度二一〇件）と就学支度資金（同三五件）について詳しく紹介します。お申し

☆修学資金一覧

（月額：円）

		1	2	3	4	5
高等学校（専修学校　高等課程）	国公立	月額　16,000	月額　14,000	月額　14,000		
	私　立	28,000	26,000	26,000		
高等専門学校	国公立	19,000	17,000	17,000	35,000	35,000
	私　立	30,000	28,000	28,000	43,000	43,000
短期大学（専修学校　専門課程）	国公立	40,000	38,000			
	私　立	48,000	46,000			
大学	国公立	40,000	38,000	38,000	35,000	
	私　立	49,000	47,000	47,000	44,000	
専修学校　一般課程	国公立 私　立	27,000	26,000			

込み、問い合わせは各区役所保健福祉課まで。

〈修学資金〉

限度額は学校、学年別で上記の通り。卒業後六ケ月の据置期間のあと、一〇年以内に無利子で返済すればよい（年賦償還）。ただし日本育英会の奨学金とダブっては借りられないので注意。育英会とちがい、子どもの成績は考慮されないので少々成績がおぼつかない子でも安心。申請はいつでも受け付け、申請一ケ月後にはだいたい貸し付けられる。

〈就学支度資金〉

限度額は小学校三九、二〇〇円　中学校四五、八〇〇円

高校、高専、専修学校は自宅通学が七五、〇〇〇円、自宅外が八五、〇〇〇円（私立の

場合は、入学時納入金として一五五、〇〇〇円加算可）。

大学、短大、専修学校専門過程は自宅三六〇、〇〇〇円、自宅外三七〇、〇〇〇円（私立の場合は二一〇、〇〇〇円加算可）。

卒業後六ケ月の据置期間の後、一〇年以内に無利子で返済すればよい。

＜他の貸付資金＞

技能修得資金のうち自動車運転免許修得資金は、四二〇、〇〇〇円まで、転宅資金は二六〇、〇〇〇円までなどの種類があるので、該当する人は熱意をもって申し込んで実績数を増やしていってほしいと思います。せっかくある制度なので、今後充分に活用されることが望まれます。

Q21 母子福祉について知りたいのですが

A 母子寮などがあります

母子福祉制度について知りたいのですが。

〈母子父子家庭等医療費助成〉

一八才未満の児童を養育する母親と三才以上高校三年までの子どもが対象で、保険診療の自己負担額が同一診療期間で一ヶ月に一、〇〇〇円（入院の場合は二、〇〇〇円）を越える額が助成されます（いったん立て替え払いをし後日戻ってくる）。

申し込みは各区役所保険年金課

（＊三才未満は乳幼児医療でほぼ無料になります）

〈ＪＲ通勤定期乗車券の割引〉

児童扶養手当受給世帯と生活保護を受けている世帯では、ＪＲの通勤定期が三割引となります。

申し込みは各区役所保健福祉課

＜母子家庭及び寡婦自立促進講習会＞

就労に必要な技術を修得するための講習会が宮城野区安養寺にある宮城県福祉センターにて開催されています。四～七月、八～一一月、一二～三月の各三ヶ月間、毎週日曜の九時～四時で、費用は無料です。科目と募集人員は、ワープロ（二〇名）、調理（四〇名）、経理（四〇名）、介護人（三〇名）で県政だよりに詳しい案内が掲載されます。同じ立場の母子家庭どうしのコミュニケーションをはかる場ともなっているそうです。

申し込みは仙台市児童保健福祉課または宮城県母子福祉連合会（二五六－六五一二）まで。

＜公共職業訓練手当＞

職業安定所に求職の申し込みをしても、技能経験不足などで職業訓練を受けた方がよいと指導された場合、雇用保険のない母子家庭の母などには、雇用対策法に添って訓練期間中、訓練手当が支給されます。（平成八年度は一日四、一五〇円）

多賀城市の宮城技能開発センター（三六二－二二五三）仙台市宮城野区の県立仙台高等技術専門校（二五八－一一五一）が対象ですが、期間、科目についてはそれぞれ違いますのでお確かめ下さい。

問い合わせは仙台公共職業安定所二九九－八八一一まで。

＜母子寮＞

仙台市内には別表のとおり三ヶ所があります。入所基準、費用など詳しい問い合わせは各区役所保健福祉課へ。

☆母子寮

施設名	経営(設置)主体	所在地	室数	入所世帯	人数
仙台市母子寮 むつみ荘	設置－仙台市 経営（委託）仙台市社会事業協会	青葉区桜ケ丘3丁目	20	15	37
仙台母子寮	仙台市社会事業協会	青葉区柏木1丁目	20	18	39
小田原母子寮	宮城県福祉事業協会	宮城野区幸町3丁目	30	25	64

注1．入所世帯、人員は平成6年末の数字。
注2．へやは世帯別ですが、風呂は共同、子供の養育、母親の生活自立などについての指導があります。

〈公営住宅の優先入居〉

県営・市営住宅の優先入居制度がある

問い合わせは市営住宅は住宅管理課二六一－一一一一まで。

県営住宅は県建築住宅センター二二四－〇〇一四まで。

〈その他〉

マル優制度、たばこ販売の優先許可、一時的傷病のとき五日以内の家庭介護人派遣事業（無料）母子休養ホーム（青根温泉こまくさ山荘）などが利用できるが、詳しくは各区役所保健福祉課か宮城県母子福祉センター（宮城野区安養寺三－七－三　電話二九五－〇〇一三）まで。

Q22 生活保護はどんな場合にもらえますか

A 収入が最低生活費より少ないときです

生活保護はどんな場合にもらえますか。

生活保護法は救貧思想ではなく憲法第二五条に規定されている生存権保障の精神を具体化したものであり国民の権利であり国の義務です。

個々人が経済的に自立するために努力するのは当然ですが、それが出来ない場合、権利としての制度を活用して下さい。

保護は、厚生大臣の定める基準によって「最低生活費」を計算し、これとその世帯の収入を比較して、世帯の収入だけでは「最低生活費」に満たないとき差額について受けられます。具体的には受給できる金額は別表のとおりです。

相談窓口は各区役所の保護課や生活福祉課（泉区は地域福祉課）です。窓口でよく相談してみましょう。

その他生活に困ったときの公的資金の活用

もできます。社会福祉資金・入学準備金・高額療養費貸付金・世帯更生資金などです。
いずれも無利子や低利の資金ですので活用しましょう。

〈支 給 金 額〉

母子３人世帯(30歳母、９歳男、４歳女)のケース

生活扶助	１類（食 費）	98,930円
	２類（光熱費）	50,370円
	小 計	149,300円
加 算	冬 期	17,050円
	母 子	25,170円
住宅扶助		44,200円
教育扶助		2,740円
合 計	４月～10月	221,410円
	11月～３月	238,460円

仙台市　1997年４月１日現在

離婚体験記

〝離婚〟私の場合は…

「生き生きしている親がいちばん」

初めから未熟な結婚でした。きっとしっかりした人に変えてみせる…と、頑張りましたが疲れ果てました。

二五才、娘は五カ月の時「子供は渡す」と言われ決心しました。父は同居しろと言ってくれましたが、近くに住み保育所の前後を頼みました。実家に戻るという姿はいやでした。姓も夫の姓を使用しました。新戸籍で、娘と二人でスタートだ、と気分はスッキリでした。事実二人だけの方が経済も安定してました。その後彼が交通事故を起こし親が始末していると聞き、決心しなければ一生彼の後始末して行く人生だったなとホッとしました。

しかし、その後彼は私達の所に来ました。きっぱり断ると暴れました。娘をつれて行きました。「落ちついたら返すから…」という義父母の言葉を信じて待ちました。戻ると思ったのでしょうか。旧姓にしなかった事を後悔しました。相手はまだ続いている様な気になったのでしょう。じっとしておれず腕のアザが消えぬうちに警察に行きました。「子供を取り戻しにはいけない」と言われました。再び暴力があったら駆け付けて欲しいと頼み帰りました。壊れた家具の修理の領収書は保存しました。この二点を彼に伝えると、私に同情的であった義母もカチンときた様でした。悲しい毎日でした。

　友人が中に入り一ケ月で娘を引き取って来てくれました。再び生きる力が沸きました。児童扶養手当を知ったのは、半年過ぎてから

でした。減額や停止があったけど助かりました。両親のおかげで仕事に打ち込めポストは上がりました。努力すれば、離婚は仕事の評価に関係ない…と次第に自信がつきました。せっかくシングルでいるのだから、最大限それを活かして生きようと二〇才で退職しフリーになりました。大事な仕事をポンポン自分で決めてゆく人生は壮快でした。男・女の友人はいつも大事なささえでした。
　幼児期、娘は「パパは戦争で死んだの…」等と空想を混じえて言い出しました。私は、父親は生きている、離婚しただけである、私は会いたくないけど、あなたは会いに行けると真実を伝えました。日常会話も「髪は父似だね」と避けずに話しました。次第に周囲も「父」という言葉を避けなくなりました。
　年月を重ねるうちに自分も未熟だったな…

相手も気の毒な人だな…と思えるようになりました。もう一度ゆっくり子育てを行いたいと思いました。再婚を考えるのに十年過ぎてました。三七才で第二子を出産しました。「サンタクロースはパパ」の歌が嫌いだったと後に娘は言ってました。平気だものねと励ます母に気を遣って言わなかったのでしょう。でも生き生きしている親が一番！と離婚を後悔した事はありません。それに最初の結婚も私の大事な歴史です。

（匿名希望）

「子どもにもきちんと話して」

私が本気で離婚を考えた時、上の子は六才、下の子は三才でした。もう一年間共同生活を続けてみて、それでもダメな場合は、私の言う通りに離婚に同意すると、つれあいとの間で話しあっていました。その間に私は時々子どもたちに打診してました。「パパとママが別れることになったら君たちはどっちと暮らしたいの？」私は二人ともひき取るつもりでいましたが、例え、子どもが小さくとも、彼女たちはどうしたいのか聞いておきたかったのです。下の子はあまりに小さかったので、聞かれた意味さえよくわからなかったろうと思います。いつも即座に「ママ！」と言いましたが、上の子は哀しみの表情を浮べ、父親が一人になったらかわいそうだといつも迷いました。父親の仕事と食事を作るということを考えると、とても子どもを委ねるわけにはいかない状況でしたので、長女が自分で食事を作れるようになり、夜一人で留守番できるようになったら父親のところに行ってもいいということも話しました。長女はやはり両親といっしょがいちばんいいと言いましたが、私はもうパパとは暮らせないということも話しました。笑わなくなって気が狂うかも知れない状態ではとてもいっしょに暮らせません。

一年半後、まだ離婚までは至りませんでしたが別居にようやくこぎつけました。父親の机やロッカーが子どもたちの留守のうちに消えてしまい、彼女らは、現実をつきつけられて二人とも泣きました。ひとりひとり抱きしめて、父親とは会いたいときいつでも会えること、むこうの祖父母の家にも行けること、母は、父親といっしょはもう暮らせないけど、彼女たちが父親と暮らしたくなったら、食事が作れるようになったら行ってもいいことを話しました。別居後四年経って協議離婚しました。

子どもに話したがらない人、どう話したらいいかわからない人もいると思いますが、子どもが言葉を理解するぐらいの年令（四才ぐらい）なら、その後の信頼を得るためにも、子どもにわかる言葉できちんと話した方がいいと思います。夫婦間は壊れても子どもをまきこむことになるわけですから。何も話さない方が子どもは傷つくと思うし、親への信頼も失われるでしょう。今、我が家の娘たちは一七才と一四才になりました。月に二、三度、それに誕生日やクリスマスには家族六人（私の両親も含めて）で夕食をとります。私たちがどうして離婚したか、彼女たちなりに理解してくれているようです。父親とは暮らす気がなくなっているようです。

一つだけ、離婚の時、子どもたちが思春期をむかえているとまた少し難しいのではないだろうかと思っています。もっと大きくなるまで待っては…という意見もありましたが、私はこの難しさを乗りきる自信がなかったので、また、とても待てなかったので、子どもが小さいうちに別れてしまいました。今はそれで良かったと思ってます。

（匿名希望）

〈図書紹介〉

おすすめ本

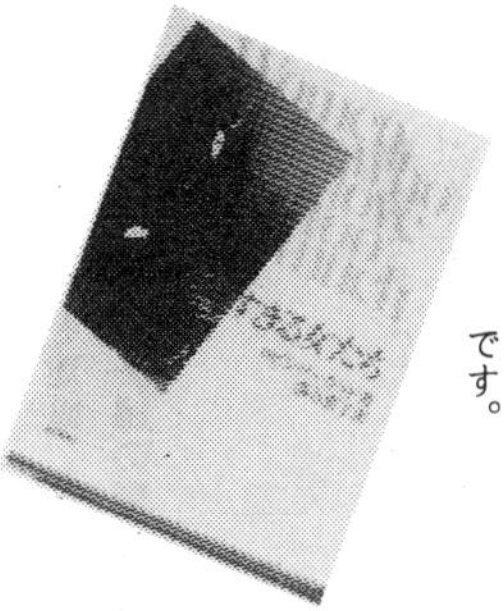

☆「愛しすぎる女たち」

ロビンノーウッド著・落合恵子訳／読売新聞社　一、六〇〇円

彼の問題行動（アルコール依存症、暴力など）をあなたがひたすら我慢し、自分が努力しさえすれば彼は変わってくれるはずだと考えているときあなたは「愛しすぎて」いるのです。

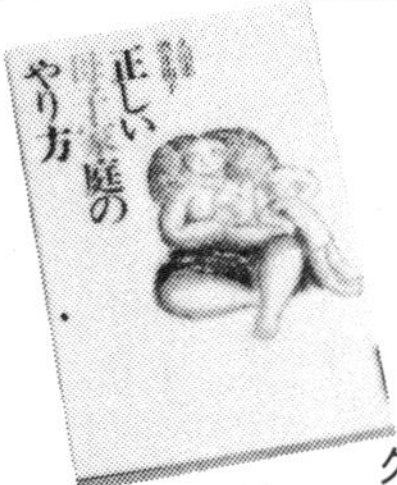

☆「正しい母子家庭のやり方」

久田恵・酒井和子／JICC出版局　一、〇〇〇円

品切中再販未定でもエルパーク仙台情報ステーションにあります。母子家庭をやっている人、やろうとしている人のための応援の書。読むと元気が出ます。

☆「パパとママの離婚」

リチャード・A・ガードナー著・深沢道子訳／社会思想社　一、二三六円

キミの親たちはキミが悪い子だっだから離婚したのではないのだよ。親の離婚をどう乗りこえていったらよいのか、子供たちのために書かれた本。

もっと知りたいあなたに

「離婚・再婚と子ども」

椎名麻紗枝・椎名規子／大月書店

一、四〇〇円

☆「離婚の本」

渥美雅子監修／婦人画報社

一、五〇〇円

☆「よくわかる離婚　一問一答

―夫婦の問題に悩んだら」

円より子著・金住典子監修

／合同出版

一、〇〇九円

☆「離婚を考えたら読む本

―不安・心配ごとの

すべてが解決する」

円より子著／エスカルゴブックス

七二〇円

How to RIKON

☆「五〇人の隣の女たちから

離婚しっかり本」

ぐるーぷくるくるY編／冬樹社

一、二〇〇円

子どもは？

☆「子どもが書いた離婚の本」

エリック・ローフス編・円より子訳

／コンパニオン出版

一、三〇〇円

☆「離婚と子ども」

ゴールドスタイン&ソルニット著・

片岡しのぶ訳／晶文社

（セラピストと弁護士の視点から）

一、二四〇円

☆「愛しあっていたのに、なぜ？

―親が離婚した子ども達の声」

ジル・クレメンツ著・箕浦万里子訳

／偕成社

九〇六円

☆「離婚　ぼくんちの場合」

小山内美江子・利重剛

／リブロポート

九八〇円

ジャーナリストの視点・その他

☆「離婚を選んだ女たち」

円より子／時事通信社

一、三三九円

☆「妻たちの静かな反乱
　　―女が離婚を考えるとき」
　　　　　円より子／ちくま文庫
　　　　　　　　　　四五〇円

☆「破局―現代の離婚」
　　　　　斎藤茂男／ちくま文庫
　　　　　　　　　　三五〇円

☆「離婚後の妻たち」
　　毎日新聞社大阪社会部／朱鷺書房
　　　　　　　　　一、〇〇九円

☆「サヨウナラあなた　現代の離婚」
　　　　　山下勝利／旺文社文庫
　　　　　　　　　　三六〇円

☆「離婚の人間学」田村健二・田村満喜枝
　　　　／システムファイブ出版局
　　　　　　　　　一、八〇〇円

☆「離婚の構図」
　　　　　四方洋／講談社文庫
　　　　　　　　　　三九〇円

☆「家庭内離婚」
　　　　　林郁／ちくま文庫
　　　　　　　　　　四一〇円

☆「妻たちはガラスの靴を脱ぐ」
　　　　　田中喜美子／汐文社
　　　　　　　　　一、二〇〇円

☆「妻たちの復讐
　　―離婚から結婚を考える」
　　　駒尺喜美編／すずさわ書店
　　　　　　　　　一、二〇〇円

☆「女・離婚その後
　　―シリーズいまを生きる⑩」
　ユック舎編・発行／批評社発売
　　　　　　　　　一、〇三〇円

☆「世代別にみる離婚　危機とその克服」
　　　　　佐藤悦子／オール出版
　　　　　　　　　　七八〇円

相談窓口一覧

Ⅰ　法律問題で困ったときは

(1)　市町村役場・区役所の無料法律相談窓口

(2)　家庭裁判所　相談窓口

離婚、子の氏の変更申立など家事事件一般について無料で相談に応じている（予約不要）。家庭裁判所に申し立てたいが、申立書の書き方がわからない場合にも相談にのってくれる。

(3)　弁護士会法律相談センター

○法律相談

相談料五〇〇〇円で弁護士が法律相談に応じる。

○弁護士紹介

弁護士に依頼したい人のために弁護士を紹介してくれる。

(4)　法律扶助協会

弁護士に頼みたいのに費用がない、知り合いの弁護士もいないというとき、法律扶助協会が裁判費用・弁護士費用を立て替えてくれ、弁護士を紹介してくれる。

○裁判費用の立て替えをうけるには

①自分では裁判費用の負担が苦しいこと（世帯の収入による。例えば、三人家族で月収二七二、〇〇〇円以下なら扶助が受けられる）。

②勝訴（解決）の見込みがあること。

○立替金の返還方法

①全額一時返還

②割賦返還（返せる金額）

③返還猶予（生活状態による。返還免除もあり）

Ⅱ　夫の暴力から逃れたいときは

○各県の婦人相談所

売春防止法に基づき各県に設置されている施設。婦人相談所に一時保護所が設置されている。近時は夫の暴力により保護を求める女性にとっての緊急一時避難場所（シェルター）の機能を果たしている。

○各地の民間シェルター

例えば、宮城県内には仙台女性への暴力防止センター（「ハーティ仙台」）が運営するシェルターがある（TEL／FAX＝〇二二―二一三―三五六二）。

Ⅲ　生活保護などの福祉の相談は

生活保護を受けたい		福祉課・福祉事務所
一人で子どもを育てなければならなくなった時	児童扶養手当	福祉課
仕事を探したい・技術を習得したい	自立促進講習会 寡婦等職業相談 公共職業訓練手当 職業適応訓練手当	児童家庭課 母子福祉課 公共職業安定所
急にお金が必要になった	母子寡婦福祉手当	福祉課
住む場所に困っている	母子寮 公共住宅の優先入居	福祉課 住宅管理課
介護人やヘルパーを頼みたい	家庭介護人派遣制度	福祉課・県母子福祉連合会
その他受けられる援助	医療費助成 ＪＲ通勤定期の特別割引	保険年金課 福祉課
母子家庭対象の相談	母子相談員 県の母子福祉相談	福祉課 県母子福祉センター
法律的な問題を弁護士に相談したい	母子家庭等法律相談	児童家庭課 福祉課等

〈各市区町村で担当課の名称が異なる場合があるので、詳しくは各市区町村役場でお尋ね下さい〉

Ⅳ　心の健康相談・カウンセリング

場所	相談担当	摘要
市町村の保険福祉センター	・精神科医 ・保健婦 ・精神保健相談員等	精神保健相談（薬物・アルコール等も含む）断酒会、家族会などの自助グループや公的な援助制度の紹介もする 詳しくは各区保健福祉センターに問い合わせる

○各地のカウンセリングルーム

例えば、宮城県内には、フェミニスト・カウンセリングルーム・イン仙台がある（有料、要予約）。

TEL／FAX＝〇二二―二六八―一六七〇

こんにちは「女性のための離婚ホットライン」です！

女性のための離婚ホットラインは、一九九〇年四月、女性弁護士や会社員・主婦・自営業者などさまざまな立場の女性たちが集まって始まりました。

女性の時代といわれ各方面で元気な女性たちの活躍が目立つ一方で、離婚に直面した女性は経済的にも精神的にも厳しい状況においこまれているのが現実です。

私達は昨年六月、二日間にわたって電話相談の窓口を開設しましたが、予想以上の反響があり電話相談八〇件、面接相談四七件の合計一二七件の相談がありました。また一二月に開設した相談窓口には電話相談七二件、面接相談二〇件の合計九二件の相談がよせられました。相談内容は離婚のしくみ、子どものこと、財産のこと、離婚後の福祉などでした。

私達は、今後も法的保護が十分でなく離婚女性の自立が容易でない現実の中で、できるだけ多くのカウンセリングを行なうことによって、離婚に直面した女性達が自分の人生を捨てることなく、離婚をステップに新しい人生を切り開いていくためのお手伝いができればと考えています。具体的には電話相談や法律問題等の講座を開きながら、できるだけ多くの女性たちに離婚問題についてのわかりやすく力になる相談活動をしていきたいと考えています。

このパンフレットは今までの相談の中から法的問題、福祉問題をとりあげ、Q&Aの形でお答えしたものです。宮城県内で生活する女性達のために具体的に役立つものにしたいという趣旨で、県内における慰藉料・財産分与・養育費に関する取り決め事例一覧、県内の相談窓口一覧を掲載しました。

現在、迷ったり悩んだりしている方にきっとお役に立てる内容のものだと思います。あなたの自立のためにお役立て下さい。

離婚ホットライン事務局

出版にあたって

このパンフレットは「女性のための離婚ホットライン」(弁護士・ボランティアが離婚に直面した女性達の電話相談に応じる、仙台市内に開設されたNGO)が一九九一年に自費出版で発行し、その後版を重ねてきたものです。このたび信山社の村岡侖衛さんのご厚意により同社から出版することができました。心より感謝致します。

ところで、私達の活動は約一〇年前に離婚に悩む女性たちに適切な情報を提供しようという目的でスタートしましたが、今日ドメスティック・バイオレンスの被害に遭っている女性達の支援活動へと発展し、私達の仲間が仙台市の支援を受けたNPO「仙台女性への暴力防止センター」(ハーティ仙台・代表八幡悦子)を立ち上げ、シェルター等の運営を行っています。

DVの被害者が夫と別れて自らの生活を立て直すためには、離婚の手続がスムーズに行なわれることが何よりも重要です。本書がその一助となれば幸いです。

二〇〇〇年九月一日

女性のための離婚ホットライン
事務局長　小島　妙子